COMPAÑEROS DE AVENTURAS

La familia que no se rindió jamás

Yo soy Gonzalo y tengo tres años. Me gusta mucho jugar al tenis, al fútbol, pasear por el campo e ir a la piscina en verano.

Mi papá se llama Cisco y mi mamá, Raquel. Nos encanta estar juntos y, si alguno tiene un problema, lo apoyamos siempre.

¡¡¡Somos un gran equipo!!!

También nos gusta mucho viajar por el mundo y vivir mil aventuras. En este libro os contaré algunas de nuestras historias favoritas, historias de nuestro día a día, pero también os hablaré de nuestros viajes.

¿Os venís a vivir aventuras con nosotros?

Mi mamá se llama Raquel y es médica. **¿Sabéis lo que hace una médica?** Pues trabaja horas y horas en el hospital: arreglando huesos, cosiendo heridas, poniendo parches en algunos ojos. Lleva una bata blanca y prepara pócimas y caramelos de colores para curar la tos.

A veces en invierno me pongo malito y **ella me cuida y me cura.**
Mi mamá es muy buena y nos quiere mucho a mi papá y a mí.

Le gustan mucho los animales y recorrer otros países. ¡Siempre ha sido muy aventurera! También le encanta jugar conmigo. Y bailar y cantar con papá. Hay que verlos haciendo espectáculos en el coche.

¡Dan mucha risa!

Mi papá se llama Cisco y es tenista en silla de ruedas. Entrena varias horas al día y compite por todo el mundo. Si calculamos cuántos kilómetros ha rodado de un torneo a otro quizá haya dado ya la vuelta al mundo un par de veces.

Papá va en silla de ruedas, pero no siempre fue así. Antes andaba, pero un día haciendo snowboard tuvo una caída, se hizo daño y desde entonces tuvo que cambiar las pisadas de sus pies por rodar con su silla de ruedas. Cuando yo sea mayor, podré empujar la silla y rodaremos juntos.

¡Será genial!

Al principio no fue nada fácil. Papá y mamá eran muy patosos y tenían que acostumbrarse a la nueva situación. Había días en los que tropezaban sin parar. Una vez tropezaron siete veces seguidas antes de que papá pudiera sentarse en la silla.

De hecho, algo tan sencillo como salir a comprar el pan...

¡era un auténtico lío!

que si la puerta,

Mi papá es muy valiente y sigue haciendo todo lo que quiere desde la silla de ruedas: va a la playa, viaja por el mundo, juega al tenis e incluso una vez junto a mi mamá ¡saltó en paracaídas!

¡Qué locos!

A mí me daría mucho miedo.

En la vida cuesta un poco aceptar los grandes cambios, pero eso no les impidió **seguir su camino juntos y ser felices.**

Cuando papá empezó a jugar al tenis en silla de ruedas, no le salía muy bien. ¿Recordáis que os dije que era patoso? Pues, además, le dolían los brazos del esfuerzo. Pero **no se rindió,** siguió entrenando duro y consiguió mejorar. Él siempre intenta seguir progresando y no le da miedo cuando las cosas se ponen difíciles. Hoy es uno de los tenistas más valorados y **sigue entrenando para avanzar cada día.**

Estoy seguro de que un día llegará a ser campeón del mundo mundial.

Cuando yo empecé mis clases de tenis, sentía un poco de vergüenza porque no le daba a la bola y me ponía rojo como un tomate, pero hice el esfuerzo y, pasados unos días, ya me encontraba más cómodo y me gustaba mucho ir.

cuanto más entreno,

mejor me sale,

y me lo paso muy bien jugando con mis amigos.

Como dicen mamá y papá, no hay que rendirse,

¡la práctica es la clave!

Muchos sábados papá saca su varita mágica y su silla se convierte en un cohete con ruedas con el que puede moverse por el campo. Allí, los tres cogemos frutos de los árboles, vemos animales y echamos carreras a ver quién llega antes.

¡Casi siempre gano yo!

A veces el cohete de papá no puede subir algunos caminos y entonces mamá y yo lo empujamos y, entre todos, lo conseguimos.
¡Nos gusta mucho trabajar en equipo!

Otras veces nos vamos a la playa y montamos en moto de agua. Nos alejamos de la orilla a toda velocidad y vemos delfines.

¡A veces hasta hacemos saltos!

En casa también somos un equipo: ¡la patrulla limpieza al ataque!
Papá cocina, pone la lavadora, la tiende y también plancha. Mamá limpia
la casa. Yo ayudo en lo que puedo, por ejemplo, pongo y recojo la mesa,
hago mi cama y ordeno mi cuarto.

Muchas veces acompañamos a papá a los torneos. Cuando son en otros países, vamos en avión. Me encanta mirar desde la ventana cómo se aleja de la tierra, ver las nubes, las montañas, los ríos y los mares. Imagino que soy un gigante...

¡Todo se hace muy pequeño!

La silla de papá no cabe por el pasillo del avión, así que justo en la puerta se cambia a una silla especial muy estrecha, y unas personas del aeropuerto lo ayudan a llegar a su asiento. **No hay que tener vergüenza de pedir ayuda cuando la necesitamos.**

En los torneos animamos mucho a papá. Antes del partido siempre está un poco nervioso, pero una vez en la pista se le pasan los nervios, **disfruta con ello y lo da todo.**

Casi siempre lo hace muy bien, pero algunas veces juega mal y se pone un poco triste; por suerte, la tristeza no le dura mucho y enseguida vuelve a estar contento. Papá dice que es normal ponerse triste cuando nos ocurren cosas que no nos gustan. Dice que la vida cambia rápido: unas veces, gracias a la práctica, de repente consigues hacer algo que antes no podías; y otras veces, algo que hacías muy bien ya no puedes hacerlo porque aparece un problema que tienes que **aprender a resolver.**

Nos gusta mucho viajar y conocer sitios y gente diferente a nosotros.
Una vez papá tenía que jugar un torneo en África y, cuando terminó,
fuimos a la sabana y nos convertimos en... ¡exploradores! Vimos
leones, jirafas, elefantes, hipopótamos, rinocerontes y muchos más
animales en completa **libertad.** Así es como deben estar siempre
los animales: libres para poder jugar y correr.

¡Me encantan!

Allí, en **África,** la gente era muy simpática, aunque como hablan en otro idioma, yo no les entendía nada, la verdad, pero me cayeron muy bien porque sonreían mucho y una vez que pinchamos una rueda, nos ayudaron a cambiarla sin dudarlo.

En otra ocasión fuimos a **Tailandia,** un país muy bonito y colorido de Asia. Allí vivimos una de nuestras grandes aventuras. Después de recorrer la selva, visitar templos y comer mucho arroz, fuimos a un sitio donde había animales salvajes, pero en lugar de estar en **libertad,** estaban atados con cadenas.

Vimos un **tigre de Bengala** blanco como la nieve que estaba un poco triste, y yo pensé que quizá papá, con sus superpoderes y sus brazos fuertes, podría liberarlo. El plan era soltar al **tigre** y que este liberara al **leopardo,** el leopardo al **elefante,** a los **monos...** y luego los animales encerraran a los vigilantes.

¿A que era un gran plan?

Un verano papá, mamá y yo viajamos a **Costa Rica**. Una noche fuimos a ver cómo las tortugas ponían huevos. Eran tortugas enormes, salían todas del mar, y lentamente iban a la playa para excavar unos agujeros muy grandes y dejar ahí sus huevos.

Nos dimos cuenta de que una de ellas iba más lenta que las demás. Cuando nos acercamos, vimos que le faltaba una patita. ¡Seguro que un tiburón malvado la había atacado! Decidimos llamarla «La tortuga luchadora» porque, aunque era difícil para ella, nadó kilómetros, salió a la playa y puso sus huevos como el resto de sus compañeras.

¿A que es increíble?

Esa tortuga me enseñó que **no hay que rendirse nunca.**
Me mostró que, aunque la vida nos mande dificultades, tenemos
que aceptarlas y seguir viviendo, seguir intentándolo, porque con
paciencia y esfuerzo, **todo es posible.**

¿Habéis visto qué montón de aventuras?

Mamá y papá lo dicen siempre, que la vida va cambiando y que nunca se sabe lo que está por venir. Pero después de África, Tailandia, Costa Rica y de vivir grandes experiencias en el balcón y la cocina de casa, me pregunto qué más está por venir. A mí me gustaría conocer algunos dragones, hacer amigos extraños y descubrir tesoros perdidos.

¿Os imagináis...?

Sea como sea, a menudo pienso en esa tortuga porque era diferente. Como mi papá. Bueno..., como todos. **Cada uno de nosotros somos especiales y diferentes,** no hay nadie mejor ni peor. No importa el color de la piel o si la persona anda o no anda, si ve o no ve, si es alta o baja, guapa o fea. Lo que importa es ser bueno, tratar bien a los demás y esforzarse en conseguir las cosas.

Hay que procurar que la aventura, sea cual sea, valga la pena vivirla.

¡Os quiero mucho y os veo en la próxima aventura!

A todas las familias que se encontraron con alguna piedra en el camino. A los eternos peleones. A los que siempre, y a pesar de todo, siguen hacia delante con todas sus fuerzas.

Cisco García y Raquel Rostro

¡Para A!

María Perera

Papel certificado por el Forest Stewardship Council®

Penguin
Random House
Grupo Editorial

Primera edición: febrero de 2021

Printed in Spain – Impreso en España

ISBN: 978-84-488-5711-0
Depósito legal: B-19.084-2020

Diseño y maquetación de Vanessa Cabrera

Impreso en Talleres Gráficos Soler
Esplugues de Llobregat (Barcelona)

BE 5 7 1 1 0